Alt det min søn har lært mig og mere til...
Et liv med Aspergers

Forfatter: Heidi Ditte Hoffmann

Heidi Ditte Hoffmann

ALT DET MIN SØN HAR LÆRT MIG OG MERE TIL…

© 2021 Heidi Ditte Hoffmann

Korrekturlæsning: Julie Hoffmann

Forlag: BoD – Books on Demand, København, Danmark

Tryk: BoD – Books on Demand, Norderstedt, Tyskland

ISBN: 978-87-4303-131-4

Indholdsfortegnelse:

Forord

Som det første, er det vigtigt for mig at slå fast, at min søn har kendskab til denne bog. Han har læst den igennem, så han er fortrolig med dens indhold og har accepteret dens udgivelse. Eller for at bruge hans egne ord, da jeg spurgte, om der var noget han ikke ville have med, eller noget jeg skulle ændre: "Nej, det er fint mor".

Dette ville aldrig være blevet til en bog, uden at han sagde god for det. Selvom historien er skrevet ud fra mit synspunkt, og min subjektive oplevelse som mor, er det i den grad hans historie.

Bogen startede som en slags dagbog, som led i min egen bearbejdning af en svær periode af vores liv. Jeg skrev oplevelser og følelser ned for at få sat ord på alle de ting som der skete, i en tid hvor alting var kaos. Ser jeg tilbage på den periode, er det med en følelse af, at stå på sidelinjen, mens livet og hverdagen kørte forbi med 200 km i timen. Min krops alarmberedskab havde trykket på autopilot, og jeg var derfor ikke i stand til at mærke rigtig efter. Som mor til et barn der har det svært, er der ikke plads til, at man selv mærker efter. Det hele handler om dit barns velbefindende. Han skulle have det godt, intet andet betød noget.

Jeg har haft mange overvejelser omkring udgivelsen af denne bog, og om det i det hele taget skulle blive til en bog, eller blot forblive mine egne nedskrevne ord. Jeg kom frem til, at jeg synes det var vigtigt at "vise" folk vores virkelighed. Hvordan kan jeg ellers forvente at folk forstår?

Efter min søn fik stillet diagnosen, ledte jeg efter litteratur som kunne gøre mig klogere. Jeg fandt en masse faglitteratur, bøger og artikler fyldt med fakta, tal og teorier, men jeg manglende noget mere jordnært. Noget mere personligt, som kunne hjælpe mig i denne svære periode jeg stod midt i. Jeg ved godt, at alle livs historier er unikke og forskellige, men jeg havde brug for ikke at føle mig helt alene. Jeg faldt dog over en bog, som er skrevet af en mor, hvis søn har autisme, og den gjorde udslaget for mig. Selvom jeg med denne bog, åbner op for de inderste tanker, og giver folk et indblik i en periode i vores liv, som på alle måder var den værste periode i mit liv, så kom jeg frem til, at det ville være det hele værd, hvis vores historie kunne hjælpe andre derude.

Jeg er en person, som er meget social, og som i min hverdag, både professionelt og privat, har mange mennesker omkring mig, men jeg er også en person som sjældent lukker folk helt ind. Derfor ved jeg, at denne bogs indhold vil komme bag på mange af de mennesker som jeg har i mit liv. Det er ikke engang alle, og her menes både familie og venner, som ved, at min søn har en diagnose. Denne bog er derfor for mig også et stort vendepunkt i vores liv, fordi det nu bliver "kendt" for alle. Nu behøver jeg ikke længere at bortforklare eller lyve.

Min søn har så mange gode kvaliteter. Han er sjov, dygtig, stiller gode spørgsmål, elsker at rejse, er høflig, er videbegærdig, elsker god mad, elsker at spille brætspil og computerspil, elsker at diskutere, er stædig og jeg kunne blive ved… og så har han også lige en diagnose. Sidst nævnte har givet ham og mig, en forståelse og en forklaring på hvorfor nogle ting er svære, og hvorfor han reagerer som han gør i forskellige situationer. Og nu ved alle jer læsere det også.

11

Endvidere er jeg af natur et meget positivt menneske. Livet og alt hvad det indebærer er meget sjældent sort/hvidt. Det rummer hele farvespektret, og er mere end hvad øjet umiddelbart ser. Den sidste påstand skulle vise sig at være mere sand, end jeg troede var muligt. Som mor til en dreng med Aspergers, blev jeg beriget med endnu flere nuancer. En ny måde at anskue verden på åbnede sig for mig, og jeg blev endnu klogere takket være ham.

Med denne historie ønsker jeg, at være med til at give en personlig beretning omkring et emne, som berører mange mennesker, hvad enten det er som familie eller som fagpersoner. Det her er vores historie.

Diagnosen

Beskeden var på en måde ventet, men alligevel kom det som et chok. Det er svært at forklare, men det føltes så surrealistisk. Jo jo bevares, han passede ikke altid ind i de rammer, der blev sat op for ham, men samtidig kunne han jo så meget. Især i skoleregi havde Oliver haft det svært, men var der ikke mange der havde det? Var der ikke mange børn, som synes det var svært at sidde stille, eller tage imod en besked? Det er ikke alle børn som nyder at gå i skole, og Oliver var bestemt et af de børn, hvor skole ikke stod på favoritlisten. Han havde da også nogle venner, en lille håndfuld, men man behøver vel heller ikke være ven med alle. Ja okay, han var ikke altid så god til at give plads til andre, men han havde også oplevet mange gange, at der ikke var plads til ham. Oliver er heller ikke den mest sociale, og foretrækker at være hjemme, men det behøver da ikke betyde, at der er noget galt, eller gør det? Han kunne da også godt være sammen med andre mennesker, og selvom det ikke var ham der startede de store samtaler, eller samtaler i det hele taget. så svarede han da altid andre mennesker høfligt, når de spurgte ham om noget. På nogle punkter kunne han så meget, men nogle gange var det som om de selv samme kompetencer ikke faldt ham så naturligt. Men var børn ikke bare sådan?

Fra det ene sekund til det andet, gik vi fra at være en "almindelig" familie, til lige pludselig at være i en kasse. En kasse med en stor mærkat. En mærkat hvorpå der stod "familie med et barn med et psykisk eller et fysisk handicap". Som førnævnt kom det ikke helt bag på mig, men alligevel tror jeg ikke helt man kan forberede sig helt på det. Beskeden vendte min virkelighed på hovedet, og jeg skulle nu vænne mig til en ny sandhed. Min søn havde et "handicap"...

Oliver 1.0

Oliver kom til verden onsdag den 31. august 2005, kl 7:08, seks dage over tid. Fra den første ve kom, og til han var ude, gik der præcis 7 timer og 8 minutter, så det var en hurtig fødsel. At få ham i mine arme, er den største glæde man kan føle som mor. Og Olivers fødsel og sidenhen hans lillesøsters, vil altid være de lykkeligste dage i mit liv.

Oliver var en skøn og glad dreng, som udviklede sig hurtigt. Han gik før han var et år, snakkede og sang som et vandfald fra han var halvanden, og da han var to år og otte måneder sagde han: "Jeg gider ikke have ble på mere" og så var han renlig. Oliver var desværre "ørebarn" og fik lagt dræn flere gange (utrolig nok med sit store ordforråd). Udover at snakke rigtig meget, opdagede jeg hurtigt, at han havde en virkelig god hukommelse. Oliver kunne gengive oplevelser og steder ret detaljeret, og blev ofte skudt ældre end han var.

Udover at have problemer med sine ører, havde Oliver, fra han var ganske lille af, kastet meget op. En masse læger har været inde over, uden at kunne finde nogen somatisk grund til det. Samtlige restauranter, biografer, stor centre, ja selv elevatorer har han sat sit aftryk på, og alle steder vi tog hen, var med en rulle poser i lommen, hvis nu uheldet skulle være ude (og det var det ofte). Fødselsdage og sammenkomster sluttede som regel ved at Oliver kastede op, og flere gange om ugen blev jeg vækket ved lyden af min søn, som kastede op.

Der var ikke andet at stille op, end at være så meget på forkant som jeg kunne være. Jeg prøvede at udelukke forskellige madvarer, for at se om grunden til alle opkastningerne, handlede om, at der var noget han ikke kunne tåle, men jeg kunne ikke finde frem til et entydigt resultat. Med tiden begyndte jeg dog at kunne ane et mønster i hans "opkastninger", og det var som om, at det ofte skete på dage hvor vi havde været til et socialt arrangement, f.eks. en fødselsdag, eller inde og se en cirkusforestilling. Jeg var virkelig i syv sind dengang; jeg havde en dreng som kastede op flere gange om ugen, men lægerne kunne ikke finde grunden. Madvarerne gav ikke et tydeligt svar, og den eneste sammenhæng jeg kunne se, handlede om ydre påvirkninger. Men kunne opkastningerne virkelig være psykisk betinget? Jeg tvivlede virkelig meget dengang, og forstod ikke hvorfor lægerne ikke bare kunne finde grunden. I dag er jeg ikke længere i tvivl om, at det var (og er) psykisk betinget. Oliver er heldigvis ikke så præget af det mere, og når det sker, ved han præcis hvad han skal gøre. Efter at have kastet op over 400 gange, må man vel kunne kaldes ekspert, selvom det nok ikke er det mest spændende at være ekspert i. Ser jeg tilbage med den "nye" viden, jeg har i dag, er jeg ikke i tvivl om, at opkastningerne skyldes at Oliver var fyldt op. Selv Oliver siger, at han mener at kvalmen og opkastningerne kommer når han bliver "for fyldt op". Det var kroppens måde at sige fra på, og er det stadig. I dag er Oliver bare blevet god til at mærke efter og sige fra, og i takt med det, er opkastningerne blevet betydeligt færre.

2. oktober 2019

Min søn var 14 år, 1 måned og 2 dage gammel, da vi modtog et papir hvorpå der stod:

ASPERGERS SYNDROM.

Det var onsdag den 2. oktober 2019. Vi (hans far og jeg) havde selvfølgelig været til et møde, hvor vi havde fået overbragt beskeden, og nu stod jeg med et papir, hvorpå det stod sort på hvidt. Jeg følte, at jeg kendte min søn så godt, og så alligevel stod jeg i en uvant situation. Det føltes som et tæppe der blev revet væk under mig, og samtidig følte jeg en lettelse, som kom skyllende ind over mig. Jeg kan huske, at psykologen sad og fortalte om alle de test de havde lavet, og om de samtaler de havde haft med Oliver og med os forældre. Hun beskrev en masse ting for mig, om hvordan Oliver havde klaret alle de test, og derefter sagde hun: "Oliver har Aspergers". Jeg kiggede på hende, og tænkte om det virkelig var Oliver, hun talte om? Havde hun nu også fået alle mellemregningerne med? Havde jeg husket at svare rigtigt på alle de spørgsmål de havde stillet mig, omkring hans barndom og opvækst? Var der noget jeg havde glemt, og som gjorde at de ikke fik det hele billede af ham? Jeg skulle lige have ordene til at give mening, så kiggede jeg på hende og spurgte om hun var helt sikker, "Ja" sagde hun, "Der er ingen tvivl".

Oliver 2.0

I vuggestuen var de imponerede over hans meget veludviklede talegaver, og alfabetsangen, samt andre remser, blev dagligt fremsagt. Det var ikke kun munden der ikke stod stille, Oliver var også en dreng med krudt i numsen. Dette kom uheldigt til udtryk, da vi tre gange inden for et halvt år måtte runde skadestuen. Første gang blev fastelavn fejret i en hospitalsseng i ført ridderkostume. Oliver var faldet ud af min seng, og havde meget uheldigt ramt en lampe som jeg havde stående på gulvet. Ved faldet fik han pådraget sig en hjernerystelse. Så i stedet for at slå katten af tønden, lå vi nu her og læste Peter Pedal, fordi han skulle observeres. Der gik nogle måneder, og et møde med en vindueskarm resulterede i, at Oliver skulle syes lige ved siden af øjet. Så gik der igen et par måneder, og nu var den gal igen. Oliver brækkede hånden. Heldigvis var det et pænt brud, som ikke behøvede en operation, blot 4 uger i gips. Som om jeg ikke allerede, grundet de hyppige besøg på skadestuen, følte mig som jordens værste mor, så gik Oliver i sidstnævnte tilfælde med sin brækkede hånd i 4 dage. Problemet var, at Oliver kompenserede ved blot at bruge den anden hånd, samt at han ikke sagde det gjorde ondt, eller græd mere end blot lige da det skete. Til det vil jeg lige tilføje, at Oliver stort set aldrig græd da han var lille, og dette skulle jeg senere erfare var et gennemgående træk hos Oliver; han har meget svært ved at græde. 3 år efter den brækkede hånd, legede han fangeleg med sin far, og her betød et møde med vores sofabord, en ordentlig flænge lige mellem øjnene, og endnu et ar til samlingen. Til trods for hospitalsbesøgene voksede han, havde nogle gode venner i vuggestuen, og virkede som en glad dreng.

Så kom han i børnehave, og der var flere fra vuggestuen som rykkede op sammen med ham. I børnehaven arbejdede der nogle fantastiske voksne, og de tog både godt imod Oliver og mig som forælder. Dengang beskrev de ham som en super talende dreng, med krudt bag

i. Oliver var meget vellidt, og legede både med drenge og piger. Hans foretrukne 5 venner var alle børn som Oliver havde gået i vuggestue med, bortset fra en dreng, som kom fra en anden vuggestue af.

"Jeg mindes Oliver som en topcharmerende dreng, store blå øjne og et dejligt stort smil. Han var en glad og aktiv dreng. Han havde en særlig ven, og de to var tit sammen. Oliver var en "klassisk" dreng, havde typiske drengeinteresser. Var glad for rytmikrummet, moon cars og at være udenfor. Han var glad for at være aktiv, og det var ikke de stille lege, han valgte først. Jeg tror også, han var glad for musikskolen[1]".

En gang lige før han fyldte 4 år, var det lykkedes ham og to af hans venner, ved brug af en pind og nogle mælkekasser, at få den låge op, som ellers skulle forhindre børn i at stikke af fra børnehaven. Da de havde fået lågen op, begyndte de deres tur hjem til den ene ven, som boede i nærheden. De nåede dog ikke så langt, og ved hjælp af nogle opmærksomme pædagoger i en nærliggende vuggestue, kom de tilbage til børnehaven i god behold.

Jeg husker selv Olivers tid i hans første børnehave som god. Han var glad, og havde sjældent tid til at komme med hjem, når jeg hentede ham. Jeg fik ofte at vide, at han var meget aktiv, men det så jeg ikke som noget dårligt. De ansatte var gode til at fortælle om Olivers dag, når jeg efterspurgte dette, og historierne blev fremsagt med smil, og med en anerkendende tone.

---

[1] Udtalelse indhentet i november 2020, fra Mille Mieritz, pædagog i Olivers første børnehave

Maj 2009, Oliver i Disneyland.

Oliver var utrolig god til at finde på ideer sammen med sine venner, men kunne også sagtens lege alene. Oliver havde en evne til virkelig at fordybe sig i diverse lege og projekter, hvad enten det var alene eller sammen med sine venner. Kendetegnet for de føromtalte lege var, at Oliver var med til at sætte rammerne for legens indhold. Satte de voksne derimod nogle aktiviteter i gang, havde Oliver ofte svært ved at finde mening i det, og derfor var han til tider svær at motivere og fastholde i de ikke selvvalgte aktiviteter. Det var også til tider svært at få ham til at sidde i en rundkreds, men om det skyldtes at Oliver havde en anden dagsorden, eller fordi de andre simpelthen sad for tæt på ham, er ikke til at vide. Til Olivers og mit held var det dygtige og anerkendende voksne, som arbejdede der og som ville børnene, kunne man mærke, og de formåede at rumme Oliver og se alt det gode han indeholdte.

"Jeg kan ikke rigtig huske så meget fra min børnehavetid af. Jeg kan huske, at jeg havde en kæreste der hed Ronja, og at mine to venner hed Lucas og Nikolaj. Jeg kan også huske, at der var en dreng der slog mig, og så slog jeg tilbage. Så kan jeg huske, at der ude på legepladsen var et tårn og en rutsjebane, og en dreng der hoppede ned fra tårnet af, han var fuldstændig vanvittig. En af de lege jeg kan huske er, at vi sad inde i legehuset og legede med nogle plastik handsker, jeg kan ikke huske hvad vi legede eller hvorfor. Jeg kan også huske en dag hvor vi rutsjede fem børn ned, og så stoppede den første, og så stoppede den anden ved at ramme ind i den foran. Og sådan fortsatte det indtil vi alle sammen sad i en bunke. Det var sjovt[2]".

---

[2] Olivers egne ord

Afklaring og accept

Jeg skulle acceptere denne nye "ting" som var kommet ind i vores liv, som min søns evige følgesvend, og derved også min, som hans mor. Diagnosen bragte ikke kun tårer frem, det gav mig også en ro og en kæmpe styrke. En styrke til nu at kæmpe for min søn. Oliver var stadig Oliver, diagnose eller ej. En dreng som jeg havde født, opdraget og fulgt i over 14 år. En dreng som så mange gange var blevet misforstået, fejlfortolket, og stemplet. Som så mange gange indirekte havde fået at vide at han var forkert. Nu stod jeg med et papir, hvor der sort på hvidt stod ord, som kunne være med til at forklare, hvorfor Oliver handlede anderledes, og hvorfor han tænkte anderledes. Oliver havde hele livet levet med det, han var jo stadig bare Oliver - diagnose eller ej. Jeg kendte jo hans sider, både de gode og de mindre gode, og nu voksede der et håb for, at omverdenen ville begynde at se anderledes på ham. Ord som forhåbentlig ville gøre livet lettere for Oliver fra nu af.

Efter jeg havde fået beskeden, slugt den, forstået den og delvist accepteret den, stod jeg med et andet problem; hvordan gjorde jeg nu omverdenen i stand til at håndtere min søn og hans udfordringer? Hvordan kunne jeg sørge for, at Oliver ikke mere ville komme i situationer hvor han følte sig forkert eller misforstået, men i stedet rummet og accepteret? Det var ikke af ond vilje, at Oliver nogle gange agerede som han gjorde. Oliver var ikke "bare" et barn som greb enhver lejlighed til at svare igen; han var et barn som tænker anderledes, og som ikke altid agerer rationelt set ud fra andres øjne. Nu var det om noget endnu vigtigere at formidle den viden videre jeg havde om min søn, for at folk rundt om ham kunne forstå ham. Alt den tavse viden jeg havde som mor efter 14 års kendskab skulle frem, tilsat den nye viden som fulgte med diagnosen.

Oliver 3.0

Lige inden Oliver fyldte 1 år gik hans far og jeg fra hinanden, og der var det efterfølgende år meget begrænset kontakt mellem Oliver og hans far. Oliver og jeg boede sammen i en lille lejlighed, og fandt en god dagsrytme. Nogle måneder efter Oliver fyldte 2, fandt hans far og jeg sammen igen og da han var 4 år og 2 måneder kom hans lillesøster til verden. Oliver var en utrolig omsorgsfuld storebror, han hentede både ting til hende, og prøvede at gøre hende glad igen, når hun var ked af det. Jeg oplevede ikke mærkbart jalousi fra Olivers side af, selvom det jo selvfølgelig er en stor omvæltning at få en lillesøster. Han virkede til at forstå, at lillesøster nogle gange havde brug for mig, men samtidig sørgede jeg også for at involvere Oliver og give ham alt den opmærksomhed som jeg kunne, når Liah sov. Oliver var utrolig god til at lege alene, og kunne sidde timevis med en togbane eller noget Lego. Vi havde i samme periode købt hus, og kort tid efter familieforøgelsen, flyttede vi til en ny by og Oliver skulle flytte børnehave.

Maj 2010, Oliver og jeg i Tyrkiet

Maj 2010, Oliver og hans lillesøster i Tyrkiet.

"Jeg kan huske nogle mærkelige billeder og detaljer som ikke rigtig passer sammen fra jeg voksede op, men jeg husker ikke så meget[3]".

Jeg var ikke videre begejstret over den nye børnehave, men Oliver fandt hurtigt nogle nye venner, og det var det vigtigste for mig. Især en af drengene blev han meget tæt med, og det var ofte vilde lege som de praktiserede. Børnehaven havde fra starten af et mangelsyn på Oliver, og påpegede ofte alt det han gjorde eller ikke gjorde, som værende forkert. På et tidspunkt startede der en studerende i den nye børnehave, og lige pludselig var der en voksen, som så Oliver som den glade og dygtige dreng han var. Den studerende lavede så mange ting med Oliver, og der var aldrig problemer i den periode. Desværre

---

[3] Olivers egne ord

stoppede denne studerende, fordi han ikke kunne stå inde for den pædagogik som børnehaven praktiserede.

"Når jeg tænker tilbage på den anden børnehave jeg gik i, så er det billeder som jeg ser for mig. Mest billeder af legepladsen. Der var et pirat skib, og en mast med en udkigspost. Og der var en nøglehuls indgang, hvor man kunne kravle ind. Nede i den ene ende af legepladsen, var der nogle træer man kunne kravle i, og i det andet hjørne var der en låge som gik ud til en græsplæne. Og så kan jeg huske, at jeg legede med en dreng der hed Philip, og en anden dreng som jeg ikke kan huske navnet på. Og så husker jeg to af de voksne; en dame med kort hår og en mand der hed Michael. Jeg kan huske, at den studerende havde en guitar[4]".

Jeg havde mange samtaler med personalet, omhandlende alle de "dårlige" ting Oliver gjorde. Og tit når jeg hentede ham, var det med en knude i maven, i frustration over hvilke dårlige ting personalet denne dag ville berette for mig, når jeg kom ind af døren. Jeg undskyldte altid på Olivers vegne, og prøvede efter bedste evne at få Oliver til at ændre sin adfærd, men samtidig forsøgte jeg også at give personalet en forståelse af hvem Oliver var. For eksempel havde Oliver brug for at vide hvad der skulle ske, og hvornår. Han er også blevet omtalt som politimanden, fordi han havde fuldstændig tjek på alle de andre børn, og om de gjorde noget som de ikke måtte. Det var bare ikke altid han selv formåede at holde sig indenfor "stregerne". En anden ting Oliver gik meget op i var, at når man lovede noget, så skulle man holde det. Han kunne også være meget rigid i sin opførsel,

---

[4] Olivers egne ord

og stillede som regel mange spørgsmål, når voksne bad ham om noget. Han skulle forstå meningen med det han skulle, ellers nægtede Oliver at gøre det. I denne periode kørte Olivers far galt, og brækkede ryggen. Det gjorde at der var mange ting der var anderledes derhjemme.

"Jeg har kendt Oliver siden han var 4 år gammel. Jeg har altid set Oliver som en livsglad skøn dreng med et glimt i øjet. Oliver har god humor og er mega skarp til at regne ting ud, både med hensyn til paratviden og også til at se en logisk forklaring på tingene, i hvert fald ud fra hans synspunkt. Oliver er og har altid været god til at underholde sig selv, f.eks. lege uden andre. Det kræver meget af ham, at være i et selskab hvor han er midtpunkt, eller hvis der bare er mange mennesker. Er han i et selskab så sætter han en facade op og forsøger på bedste vis at virke glad og social. Det er blevet mere tydeligt efter han er blevet ældre, da han er begyndt at trække sig ind på sit værelse når det bliver for meget. Oliver elsker at spille brætspil og han er hurtigere end mig til at forstå reglerne, og håndhæver dem også undervejs. Jeg tænker det er en god måde for ham at være social på, da der er noget man kan være fælles om og så kan samtalen flyttes til dette, fremfor smalltalk som han ikke nyder[5]".

Det var et hårdt halvandet år for Oliver, og da han stoppede i børnehaven var det til stor lettelse for både Oliver, dem og mig. Oliver nåede i selv samme periode at stifte bekendtskab med taekwondo, men efter noget tid mistede han interessen for sporten.

---

[5] Beskrivelse af Oliver fra min veninde, som har kendt Oliver siden 2009 (siden Oliver var 4 år)

Oliver

Det var som om, når der skete noget, for eksempel til en fritidsaktivitet, som Oliver ikke kunne lide, så var det hele bare dårligt, og det var svært for ham at vende det til noget positivt igen.

Han prøvede også badminton, men fra den ene dag til den anden kunne han ikke lide den sport mere, så det blev en kort fornøjelse. Han har altid opfattet ting og personer meget sort/hvide, og hans stædighed gjorde, at han hang fast i den opfattelse. Klatring var dog noget, som formåede at fange hans interesse et par år, indtil at han ikke fandt det interessant mere. Inden Oliver begyndte i skole kunne han læse korte ord, og hans ordforråd indeholdte også flere engelske ord.

Da skolestart nærmede sig, forhørte vi os omkring de to skoler der lå i byen; en kommunal- og en friskole. Vi hørte forholdsvis godt om begge to, men vi tænkte at med den energi som Oliver lagde for dagen, ville det være godt med et mindre sted, med små klasser, hvor at der var mere plads og tid til den enkelte elev. Valget blev derfor friskolen. Oliver startede i skole i august 2011 og både hans far, hans oldefar og jeg var med ham første dag. Oliver kendte ingen af de andre børn, da de andre fra hans børnehave af skulle starte på den kommunale skole.

"Jeg kan huske, at de fleste af de andre børn allerede kendte hinanden, men det var ikke noget problem. Jeg begyndte hurtigt at snakke med nogle af drengene[6]".

Det var to søde lærere der mødte os den første dag, og elever og forældre virkede også søde. Lærerne virkede som om de supplerede hinanden godt; det den ene havde i erfaring og tydelighed, havde den anden i varme og anerkendende tilgang. Vi som forældre, fik gang på gang at vide, at Oliver var en dreng med gang i, og at han tit havde det

---

[6] Olivers egne ord

med at kommentere på de andre eller på læreren. Enten fordi det de andre elever svarede på lærerens spørgsmål var forkert, eller fordi han mente, at det læreren havde gjort var uretfærdigt. Ordene var skiftet lidt ud, men budskabet var det samme som vi havde fået af vide utallige gange før, og problemet var, at vi ikke vidste hvad vi kunne gøre ved det. Oliver fandt hurtigt sammen med nogle af de andre fra klassen af, og der blev leget med både piger og drenge. Hans engagement i timerne, afhang meget af det faglige indhold, men Oliver blev opfattet som en kvik dreng. Det var lidt en gentagelse af det samme mønster som da han gik i børnehave; kunne han ikke finde mening i det de skulle, så blev han ugidelig, og var svær at få til at deltage, men havde det hans interesse, så var han på. Oliver var umiddelbart glad for at gå i skole, selvom han ikke helt kunne forstå meningen med mange af de ting der fulgte med det at gå i skole. I marts 2012, da Oliver gik i 0. klasse, blev han indstillet til PPR vedrørende "bekymring for hans adfærd[7]".

"I skolen opleves Oliver som en kvik dreng, der er fagligt god. Han er dog i sin adfærd noget uforudsigelig. Hvis Oliver får en ide, så går han efter den og det opleves som om Oliver glemmer, hvilken kontekst han er i og om det passer ind. Der beskrives dage, hvor det er meget svært for Oliver at blive korrigeret og hvor han bliver vældig vred. Oliver er i disse situationer svær at hjælpe tilbage igen. Derudover oplever lærerne at Oliver kan have noget gammelklogt sprog og være konkret tænkende[8]".

---

[7] Pædagogisk-psykologisk vurdering- ppr
[8] Pædagogisk-psykologisk vurdering- ppr

Januar 2019

Januar, februar og marts 2019 er de værste måneder i mit liv. På de tre måneder gennemlevede jeg den største frygt en mor kan forstille sig: frygten for at miste sit barn. På de tre måneder blev min trygge hverdag skiftet ud med begreber som angst og bekymring. Jeg levede hver dag med frygt for, om det ville være den dag, hvor jeg ville miste mit barn. Jeg var bange, frustreret og magtesløs. Jeg var jo hans mor, jeg skulle passe på ham! Men hvordan kunne jeg hjælpe ham? Var det overhovedet muligt at hjælpe ham? Hvordan fik jeg min søn til at få det bedre? Var der overhovedet lys for enden af tunnelen, eller ville dette mørke fortsætte? Hvor længe var jeg overhovedet i stand til at fortsætte?

Jeg husker ikke den kronologiske rækkefølge af de ting der skete, det er som om det hele flyder sammen, men følelserne sidder stadig dybt i mig. I denne periode så alting umiddelbart nok ud som det plejede, set udefra: jeg gik på arbejde, begge unger kom som regel i skole og de andre hverdagsting blev klaret. Men for min lille familie var det en meget svær tid. Jeg levede ikke i den periode, jeg overlevede.

Det startede med, at Oliver langsomt mistede hans glæde. Det er svært at sætte ord på hvad det præcist var, der gjorde udfaldet, og hvornår det opstod. Han har altid været skoletræt, men lige pludselig var alt han gjorde præget af hans dårlige humør. Hans øjne var tomme og kolde, og ting der før gjorde ham glad, kunne ikke længere bringe smil frem på hans læber. Hættetrøjen kom på, og hætten blev trukket godt ned, så man ikke kunne se hans ansigt. Alt var bare mørkt. Jeg prøvede at snakke med ham om hvordan han havde det, prøvede med alle de ting som plejede at gøre ham glad, selv den mad som jeg vidste at han elskede kom på menuen, men intet hjalp. Jeg foreslog, at vi kunne få fat på en psykolog, så han kunne få det bedre, men han var ikke åben for noget af det. Han havde lige pludselig en masse vredesudbrud, og tit kom det som lyn fra en klar himmel. Jeg opdagede på et tidspunkt, at han skar i sig selv, og det gjorde så ondt. Tænk at min søn havde det så dårligt, og at han havde så svært ved at håndtere det, at han så det som den eneste mulighed. Jeg konfronterede ham med det. Jeg brugte lige nogle timer på at samle mig, så jeg bedre var i stand til at konfrontere ham uden vrede, da jeg godt vidste, at vrede ikke ville føre noget godt med sig. Jeg sagde, at jeg var meget bekymret og ked af at han gjorde det, og jeg sagde, at jeg gerne ville hjælpe ham med at finde en anden måde hvorpå han kunne få hans følelser og frustrationer ud. Hvis han ikke ville snakke med mig, så måtte vi finde en som han kunne betro sig til. I denne periode var han sværere end sædvanlig, at få ud af sengen om morgenen og i skole. Det var en kamp hver dag, en kamp der krævede utrolig mange kræfter og et umenneskeligt overskud. Han begyndte også at miste appetitten og jeg kunne se min søn forsvinde på flere forskellige planer.

Olivers lillesøster

Liah, Olivers lillesøster var ikke en del af det og så alligevel var hun. Ud over den altopslugende frygt jeg havde for, at Oliver ville gøre alvor af hans selvmordstanker, så havde jeg også en anden stor frygt, og det var at det ville være hende, der fandt ham. At det ville være hende der fandt sin storebror død. I den periode gjorde jeg alt for at planlægge dagene på en sådan måde, at det ikke var hende der kom først hjem, fordi tænk nu hvis... Heldigvis blev ingen af de frygtelige tanker til virkelighed.

Selvom jeg prøvede at skærme hende og give hende ekstra meget opmærksomhed på alle de tidspunkter der var mulige, er der ingen tvivl om, at hun også har kunne mærke den tunge stemning i huset. At hun også kunne mærke, at hendes storebror havde det svært og lukkede sig mere inde. Jeg prøvede at forberede og advare hende de dage jeg kunne mærke på Olivers humør, at den var helt galt, så hun ikke blev den vreden gik ud over. I starten var det ikke hver dag, men til sidst blev det på daglig basis. Jeg snakkede med hende om, at Oliver havde det svært, og at hun skulle lade ham være, så meget det var muligt, så hans dårlige humør ikke gik ud over hende, for det havde intet med hende at gøre. Selvom jeg på alle måder prøvede at kompensere for den dårlige stemning, har det ikke kunne undgås at min glæde og min energi blev påvirket. Og der er ingen tvivl om, at hun har også har kunne mærke på mit overskud, at det var mindre i den periode. For mit eget vedkommende resulterede det i endnu mere dårlig samvittighed på "mor kontoen". Nu fejlede jeg som mor overfor begge mine børn.

Oliver 4.0

I starten af første klasse, gik hans far og jeg fra hinanden, så det skoleår startede lidt turbulent på hjemmefronten. Ungerne og jeg flyttede ned til noget familie, og Olivers far blev boende i det hus, der havde været fælles. Olivers far havde problemer med alkohol, og det kunne ikke undgås at det påvirkede Oliver, selvom han meget sjældent har givet udtryk for det. Oliver fortsatte med at gå i samme skole, og efter et halvt år fik vi et sted forholdsvis tæt på vores gamle hus. På skolefronten snakkede de om støtte til Oliver, og de begrundede det med, at der tit skulle gå en lærer fra, for at få Oliver til at deltage i aktiviteter. Også hans manglende koncentration blev nævnt, og hans frustrationer, som til tider kom til udtryk ved at han blev meget sur, både på lærerne og de andre elever. Der blev lavet en pædagogisk-psykologisk vurdering af Oliver da han gik i 1. klasse på baggrund af den føromtalte indstilling, og i den står der blandt andet:

"Oliver fremstår som en dreng, der kognitivt ligger i den øverste del af gennemsnittet. Profilen er svingende i et sådant omfang at indeksscoren for næsten samtlige indekser ikke er meningsgivende. Indenfor den perceptuelle ræsonnering svinger hans præsentationer fra noget over gennemsnittet til noget under gennemsnittet[9]".

Derudover blev der også, efter mit ønske, lavet en IQ-test af Oliver. Resultatet af denne test viste, at Olivers intelligens var gennemsnitligt, men dykkede man ned i testen, tegnede der sig et interessant billede. I alle de opgaver der blev lavet i starten lå Oliver helt i top, og i de opgaver der blev lavet til sidst, scorede han under gennemsnittet. Derfor blev det færdige resultat gennemsnitlig. Jeg satte spørgsmålstegn ved testens troværdighed, når nu svarresultaterne tydeligvis var præget af manglende koncentration, og/eller træthed fra Oliver side af. Jeg fik at vide, at resultatet var korrekt, og at det var den måde man brugte den test på; processen kunne man ikke ændre på. Oliver var et normalt begavet barn, og mellem linjerne sagde hun, at det eneste han fejlede var for meget krudt bag i. Jeg vidste godt, at

---

[9] Pædagogisk-psykologisk vurdering- ppr

jeg havde en søn med gang i, men samtidig havde jeg også oplevet utallige situationer, hvor han sad fordybet og godt kunne koncentrere sig. Jeg oplevede også en søn som kunne rigtig mange ting, hvis bare tingene havde hans interesse, og når jeg sammenlignede ham med andre børn, havde han andre kompetencer. Jeg ved godt, at en mor ofte fremhæver sine børn, men jeg følte virkelig at der var en masse ved Oliver som de ikke fik øje på. Jeg var sikker på, at hans IQ var en del højere end det resultat som testen fremlagde, men det var hverken første, eller sidste gang jeg skulle føle, at jeg talte for døve ører.

"Ved observation i klassesammenhænge fremstår Oliver som en fagligt interesseret elev og en kvik dreng, der ved flere ting, end hvad man ville forvente af hans alder[10]".

I bagklogskabens lys skulle jeg have slået noget mere i bordet, men det er svært at sige fagfolk imod, og det siger jeg på trods af, at jeg selv er uddannet pædagog. Jeg prøvede, men der er grænser for, hvor meget man kan blive ved. Jeg begyndte at tvivle på min egen intuition. Alle rundt om os havde en mening om Oliver, og det var bestemt ikke en særlig positiv en. Jeg begyndte også at kunne mærke det på forældrene til børnene i Olivers klasse, og jeg tænkte, at hvis jeg kunne mærke det, hvordan måtte det så ikke føles for Oliver. Ej, hvor jeg bare ønskede, at han passede ind. Jeg sad ofte tilbage med følelsen af, at det kun var mig, der kunne se det gode i min søn. Og inden jeg kunne nå at forklare min søns adfærd, og komme med mit synspunkt, så var de kommet med så mange negative ting omkring ham, at jeg tvivlede på min egen dømmekraft. Var jeg blind overfor min egen

---

[10] Pædagogisk-psykologisk vurdering- ppr

søns fejl og mangler? Havde de ret i det de sagde? Selvfølgelig elsker jeg min søn overalt på jorden, og som hans mor kan jeg ikke være 100 procent objektiv, men jeg havde hele tiden følelsen af, at der var noget vi ikke så, og at han ikke gjorde alle de ting af ond vilje. Jeg havde endda en psykolog indover, og hun afviste skolens udtalelse om, at det var ADHD. ADHD var ikke noget de havde sagt direkte, men det lå imellem linjerne. De nævnte blandt andet piller, som kunne gøre ham mere rolig, for hans skyld naturligvis. På dette tidspunkt havde jeg det sådan, diagnose eller ej, at jeg var meget mere interesseret i hvordan de ville inkludere Oliver, i stedet for, at vores samtaler kun drejede sig om alt det han ikke kunne formå. Jeg efterlyste en pædagogik der tog hensyn til Olivers udfordringer, og lærere der så hans kvaliteter, og anerkendte ham for det han kunne, men desværre var det de dårlige ting, som der blev lyst på. Den fornemmelse jeg sad tilbage med efter hvert møde var, at vi havde haft to forskellige dagsordner til møderne. Min var at hjælpe Oliver, og være på forkant med det som vi vidste var svært for Oliver, og deres var, hvordan de hurtigst og nemmest fik smidt Oliver ud af skolen, på en så stille og nænsom måde som det var muligt.

"I klasse regi har Oliver, set fra min side af, altid været ham der havde en smart bemærkning, ham den sjove i klassen. Han har også været meget forstyrrende, og har til tider virket meget useriøs. Især hvis han var sammen med mange mennesker, så var det som om der virkelig kom støj på hans linje. Ingen tvivl om, at han er utrolig dygtig, velvidende og nørdet (ment på en god måde). Det har virket som om han har haft svært ved autoriteter, og svært ved at indordne sig de rammer, der nogle gange blev stillet op for ham. Udover det,

har han haft enormt svært ved at vide hvor grænsen var: hvad gør

man, hvad siger man, og hvad siger man ikke? Det førnævnte lægger

nogle år tilbage, fordi Oliver flyttede skole. Hvis jeg skal beskrive

Oliver nu, er det en hel anden Oliver, jeg oplever. Min søn og Oliver

har et helt specielt venskab, og min søn nyder at være sammen med

ham, fordi med Oliver kan man bare være sig selv. De hygger sig for

sindssygt, når de er sammen. Når man er en til en med Oliver kan man

have lange og seriøse snakke, på måder hvor Oliver virker ældre end

han er. Han er også mega skarp, og er knald dygtig til komplicerede

spil[11]".

Jeg mener ikke, at man ikke skal snakke om det svære, jeg mener
bare, at man nogle gange kan snakke så meget, og derved glemme at
handle og tænke. Jeg mener, at et negativt syn, kan have så meget
magt, at alt man ser er gennem negative briller. Alle de tiltag der ville
have hjulpet Oliver blev ikke iværksat, da det åbenbart krævede for
meget, og det til trods for at de sagde, at de havde sat en lærer på, kun
for at hjælpe ham. Hvorfor så ikke bruge den ressource til at få
inkluderet Oliver, i stedet for alt den snak om alt det, der ikke kunne
lade sig gøre? Jeg forstod det ikke, og da jeg spurgte ind til det, kunne
de ikke give mig andet svar, end at Oliver krævede rigtig meget. På en
biltur, jeg husker ikke helt hvor gammel Oliver har været (jeg tror han
var omkring 11 år), sad Oliver og kiggede ud af bilruden, og sagde så:
"Mor, er jeg ligesom andre mennesker?". Jeg svarede, at selvfølgelig
var han det. "Det er som om jeg ser tingene og verdenen på en anden
måde end andre mennesker gør. For eksempel se de her regndråber

---

[11] Mor til Olivers tidligere klassekammerat (nu mor til Olivers ven)

(Oliver hentydede til regndråberne der faldt på forruden). Jeg ser den enkelte regndråbe, og så ser jeg, at de ikke falder ens, og det mønster som de laver på ruden er ikke ens og det forvirrer mit hoved". Jeg kiggede på ruden og kunne godt se, at de mønstre som regndråberne dannede ikke var synkrone. Efter lidt tid sagde han: "Mor, jeg vil bare gerne passe ind".

Ikke alle børn passer ind i de kasser som man gerne vil have dem til, og vi havde allerede fået fastslået at sådan et barn var Oliver, selv Oliver vidste det, men hvad så...

Hvor var hjælpen

Jeg begyndte at søge efter hjælp alle de steder jeg kunne forestille mig: psykologer, læger, forskellige hjælpeorganisationer, kommunen og så videre. Jeg tilbragte mange timer på nettet og på at ringe rundt. Desværre var hjælpen ikke lige at finde, og bestemt ikke nem tilgængelig. Det virkede så firkantet hele det kommunale system, og det var ikke særlig gennemsigtigt. Jeg blev stillet videre en helt del gange, og jeg ved ikke hvor mange mennesker fra kommunen, som har hørt mig græde og som jeg har tigget og bedt om at hjælpe min søn. Samtidig prøvede jeg sideløbende at få Oliver til at sige ja til at komme til en psykolog. Jeg kunne se og høre på min søn, at han havde det dårligt, men jeg havde ingen steder at gå hen. En aften hvor Oliver igen havde det rigtig dårligt, sad jeg som så mange andre gange og tog imod alle de grimme ting han sagde, og da han havde fået alt sin vrede ud, var det som om hele hans krop faldt sammen. Der var ingen tvivl om, at det krævede så meget af ham at have de her nedsmeltninger. Jeg blev inde hos ham, og fortalte ham hvor meget jeg elskede ham, og lige denne aften gav han mig lov til, at jeg måtte holde om ham. Så lå han i min arme, som et lille og hjælpeløst barn, som havde så meget brug for hjælp. Jeg vidste bare ikke hvordan jeg kunne hjælpe ham, eller hvor jeg kunne finde nogle der kunne. Jeg var fuldstændig alene og magtesløs.

Oliver 5.0

Den kasse Oliver skulle passe i, kunne ikke rumme ham. Et af de talrige møder som jeg deltog i, var med deltagelse af lederen fra den SFO hvor Oliver gik. Jeg mener, at Oliver her gik i 2. klasse. Lederen fortalte mig i ramme alvor, at han aldrig havde haft et barn som Oliver. Nu havde han lige været på kursus i anerkendelse, og det virkede jo ikke engang på Oliver. Han fortalte, at de havde forsøgt at lave et forløb, med Oliver, to drenge fra en anden klasse og en pædagog. De fire skulle ned i et skovområde og bygge en hule, men det forsøg mislykkedes. Oliver gad jo ikke engang gå med de andre børn, han gik jo bare med pædagogen. Jeg prøvede at spørge ind til forløbet, ved at sige om det ikke kunne handle om, at Oliver ikke følte sig tryg ved de andre børn, da det jo ikke var nogle han plejede at lege med. Jeg spurgte om det måske kunne handle om, at Oliver søgte tryghed hos pædagogen. Det mente lederen bestemt ikke, at det handlede om. Set ud fra hans øjne handlede det om, at Oliver ville have pædagogen for sig selv, og at han derved bevidst tog alt opmærksomheden, så der ikke var noget tilbage til de to andre drenge. Jeg var målløs. Jeg følte mig som jordens dårligste mor, og som en der kæmpede en kamp for min søn, som var tabt på forhånd. Oliver passede bare ikke ind nogle steder, og det føltes som om, at de havde opgivet ham.

"Jeg kan godt huske, at vi skulle ned i skoven og bygge en hule. Det var med to andre børn og en voksen. Jeg kan huske, at grunden til at jeg ikke snakkede med de to andre drenge var fordi jeg ikke følte mig tryg ved dem. De var jo allerede venner, og så ville jeg hellere gå sammen med den voksne, fordi det var jo svært, når de kendte hinanden på forhånd og jeg ikke plejede at snakke med dem[12]".

Jeg forsøgte ved flere lejligheder at forklare og til tider at forsvare min søn, men jeg følte at de havde givet ham et stempel. Oliver forstyrrer, Oliver hører ikke efter, Oliver keder sig ikke, han forstår det bare ikke. Det var så her de førnævnte piller kom i spil, "man kan også få nogle piller, som kunne hjælpe Oliver. Hvis det er noget du tænker kunne være en mulighed, så vil vi gerne undersøge det nærmere. For hans skyld selvfølgelig". Jeg svarede uden betænkningstid, blankt nej. Min søn skulle ikke have piller for at passe ind. Jeg vidste godt, at jeg havde en søn der forstyrrede i timerne, jeg vidste godt, at min søn stillede spørgsmålstegn ved tingene, og nogle gange også ved autoriteterne. Jeg vidste godt, at Oliver var sensitiv over for lyde, og det til trods for, at han selv lavede rigtig mange. Jeg prøvede alt det jeg kunne, men synes ikke rigtig, at der var noget samarbejde fra skolens side af. Oliver var glad for de andre i klassen, og det var den eneste grund til, at jeg kæmpede den kamp for Oliver. Skolen havde, som jeg så det, en opgave i at skabe et inkluderende miljø for ham, men selvom det virkede som om deres dagsorden var en anden, prøvede de forskellige tiltag. Både gode og mindre gode tiltag blev

---

[12] Olivers egne ord

afprøvet. En af de ting de afprøvede var at sætte en støttepædagog på Oliver.

"Grunden til at jeg (XXX) nu skal være sammen med dig i matematiktimerne om onsdagen og matematik- og dansktimerne om torsdagen er for at jeg kan hjælpe dig med at gøre det rigtige i timerne, fordi de andre er blevet trætte af, at du forstyrrer meget i timerne. Det tager meget tid og de kan ikke lære det de gerne vil, fordi læreren bruger for lang tid på at få dig til at være stille[13]".

Opgaven med at inkludere Oliver magtede de ikke på det tidspunkt, og det var svært at vide hvad jeg som mor, kunne gøre for at Oliver passede ind så meget som det nu var muligt. For at skåne Oliver for nogle af de ting som virkelig var svære for ham, blandt andet store forsamlinger, og ustruktureret dage, sørgede jeg for, at holde Oliver hjemme de dage som bød på det førnævnte. Det kunne for eksempel være når der blev afholdt idræts- eller musikarrangementer med andre skoler.

Vi kæmpede

Hver dag var en kamp. En kamp om at få Oliver til at vælge livet. Hver dag handlede om at samle kræfter, klare mig igennem arbejdet, og komme hjem til min søn. Jeg kan godt undre mig over, at jeg var i stand til at tage på arbejde. Det skete kun få gange, at jeg måtte vende om og tage hjem, fordi tårerne bare ikke ville stoppe, og min krop simpelthen ikke kunne hænge sammen. Der var også to gange hvor jeg

---

[13] Uddrag fra den skolekontakt Oliver skulle skrive under på i anden klasse

nåede over på mit arbejde, gik ind, og så brød jeg sammen og blev derefter sendt hjem af to kollegaer.

En morgen fik Oliver igen en total nedsmeltning. Han græd og græd, men efter noget tid fik jeg ham til at falde ned, og vi aftalte, at jeg tog på arbejde og han kunne blive hjemme fra skole af. Oliver havde stort set ikke haft noget fravær, og lige den dag kunne han bare ikke magte det. Inden jeg kørte sagde han til mig, at der lå en seddel i min taske og jeg måtte først læse den når jeg ankom på arbejdet, det måtte jeg love. Jeg lovede ham det, kyssede ham, sagde jeg elskede ham, skyndte mig ud i min bil og læste sedlen. På sedlen stod der "Mor jeg har brug for hjælp nu. Du må ikke spørge hvorfor, du skal bare finde noget hjælp nu". Endelig havde han erkendt det, og det føltes som om vi lige havde taget et skelsættende skridt. Jeg var efterhånden vant til de tårer der begyndte at trille ned af mine kinder, tænk at der overhovedet var flere tilbage. Jeg begyndte min kørsel mod arbejdet, jeg ved ikke hvordan og hvorfor, min krop overtog og kørte på autopilot. Da jeg havde kørt et stykke tid, måtte jeg holde ind til siden. Så ringede jeg til kommunen, og efter en lang samtale hvor jeg fik fortalt om vores situation, fik vi en tid hos en familiebehandler. Aftalen var som sagt lavet på baggrund af vores situation, og jeg tænkte, at personen i røret måtte vide hvad de gjorde, da de sendte os "den" vej, selvom det umiddelbart ikke var det jeg troede der skulle til. Jeg valgte at stole på personen i røret og trøstede mig med, at jeg ikke kunne være den første der havde haft et barn der havde det svært. Senere den dag skrev jeg en besked til klasselærerinden, hvor jeg forklarede, at jeg havde brug for at snakke med hende omkring Oliver, og det hastede. Der gik nogle dage før hun havde mulighed for at snakke (og nej jeg forstår ikke, at der skulle gå 2 dage. Hvorfor ringer man ikke op til en mor, som åbenlyst skriver at det haster? Men der er mange ting jeg ikke forstår). Da jeg endelig fik hende i røret, fortalte jeg, at Oliver havde det svært. Samtalen bød ikke rigtig på den forståelse og hjælp som jeg havde håbet på, men hun kunne jo have haft sine grunde. Hun fortalte mig endda, at hun 2 uger før vores telefonsamtale, havde haft en episode i klassen, hvor en af pigerne i klassen havde henvendt sig til hende for at sige, at Oliver havde snakket om selvmord, og det havde skræmt klassekammeraten. Derudover havde Oliver også for lidt tid siden afleveret en stil som var bekymrende. Først blev jeg mundlam. Havde en lærer ikke pligt til at underrette mig efter sådan nogle episoder? Hvis et barn tydeligvis ændrer personlighed i sådan en grad, at det kan mærkes af lærere og elever, skal forældrene så ikke informeres straks? Jeg spurgte hvorfor hun ikke havde ringet og informeret mig om dette, hvortil hun svarede, at det havde også været hendes hensigt, men den ene dag tog den anden og så kom vinterferien. Og da jeg så havde skrevet, at jeg gerne ville snakke med hende, kom jeg hende i forkøbet og hun havde således tænkt, at hun bare kunne sige det der.

"Oliver har altid været en glad og smilende dreng, som var frisk på sjov og ballade. Dog har det ændret sig meget det sidste stykke tid, hvor Oliver har lukket sig mere inde i sig selv. Han er blevet mere dyster at se på, og er ligeledes ikke den smilende og glade dreng mere. (...) Ydermere snakker han meget om død og selvmord i klassen, hvilke skræmmer hans kammerater. (...) Ligeledes har de svært ved at

sidde ved siden af ham, da de ikke helt ved, hvad de skal forvente at
høre næste gang[14]".

Jeg blev så sur og rasende, og jeg følte at min søns ve og vel ikke havde den store betydning, siden at man ikke anså det som vigtigt at ringe mig op omgående i de førnævnte situationer. Jeg følte virkelig, at min søns liv var værdiløst. Jeg følte mig så fortabt, og helt alene i verden endnu engang.

Nu sker der noget

Aftalen med den føromtalte familiebehandler var allerede 3 dage efter telefonsamtalen med dem. Pædagogen der tog imod os var en sød dame, der som frygtet ikke havde den viden eller de kompetencer der skulle til for at hjælpe Oliver. Hun snakkede om en overskuelig hverdag, og fælles aftaler i hjemmet, og det var alt sammen velment fra hendes side af, men det var ikke det vi havde brug for. Det var ikke der problemet var. Vi gav det en chance, og på vej ud gav hun os en ny tid. Da vi gik ud derfra kiggede jeg på Oliver og spurgte hvad han synes. Han sagde, at det ikke rigtig gav mening at snakke om pligter, og vi blev enige om at det ikke var det rigtige for os. Så den tid vi havde fået, ringede jeg og meldte afbud til. Selvom det føltes som spild af tid, er der dog en ting jeg tager med mig fra det møde af. Oliver sagde, at han ikke følte sig forstået nogle steder, hverken derhjemme, eller nogen andre steder. Og han havde ret. Ligegyldigt hvor meget jeg ønskede at forstå ham, var der så mange ting ved ham jeg ikke forstod. Aller vigtigst så forstod jeg ikke hvorfor han havde

---

[14] Udtalelse skrevet af Olivers klasselærer 22/2-2019

det så dårligt. Så stod vi igen her, alene og på ukendt jord. Det håb jeg havde om, at hun kunne få min søn tilbage, forsvandt hurtigere end det var opstået. Og jeg følte, hvis muligt, at jeg røg endnu længere ned i afgrunden.

Oliver 6.0

Nogle år senere fik Oliver en ny klasselærer, og denne lærer så ham og forstod ham, og Oliver blomstrede op. Olivers udfordringer var der stadig, men med dette lærerskift, var det som om de blev lidt mindre udtalte, eller også var det fordi Olivers gode sider også blev fremhævet. Der lå ikke beskeder hver eller hver anden dag med negativt indhold fra lærerne af, tværtimod fik Oliver ros, og læreren formåede at belyse og fremhæve Olivers gode sider over for klassens øvrige elever (og ikke mindst deres forældre). Det var Oliver der blev spurgt om hjælp hvis teknikken i klassen drillede, eller ham som fik til opgave at læse op i engelsk, fordi han var så god til det. Idræt blev han dog fritaget fra, det krævede for meget at få ham til at være med, og til at deltage, så i stedet sad han og læste. Men skyggen slap ham ikke.

Et menneske, det kan både være en lærer, en pædagog, eller en helt fremmed, som formår at se det gode i et barn kan virkelig være med til at gøre en positiv forskel. På samme måde kan et mangelsyn være med til at pille et barn helt ned, det var det der skete for Oliver.

"Jeg ser Oliver som intelligent, høflig, humoristisk, modig, omsorgsfuld, tydelig, forsigtig/stille, som en der hviler i sig selv og så har han en stærk retfærdighedssans[15]".

Jeg fik tit følelsen af at min søn ikke passede ind, at han var noget af en mundfuld, og folk faktisk synes han var lidt irriterende. Der var endda nogle forældre som tog afstand, og når Oliver spurgte om deres barn kunne lege, kom der tit en dum undskyldning, eller et svar i stil med "det må vi lige finde ud". I starten tænkte jeg, at jeg nok så spøgelser, og at det var en overeaktion fra min side af, men efter nogle år var der to forældrepar, uafhængigt af hinanden, som bekræftede min fornemmelse. Hvis jeg som mor fik denne ubehagelige følelse ved bare at stå på sidelinjen, hvordan må Oliver så ikke have følt fra første parket? Hvordan har det føltes, at mange mennesker synes han var irriterende, larmende… ja bare forkert? Hvordan har det påvirket ham aldrig at kunne gøre det rigtige, lige meget hvor meget han prøvede? Altid at blive misforstået? Udadtil kan Oliver godt virke som en der er ligeglad med hvad andre tænker om ham, men inderst inde er han det ikke, tværtimod. Oliver er meget sensitiv, og bruger tit kræfter på at forestille sig hvad andre tænker om ham. Oliver var og er en skøn dreng, og til tider særlig på sin helt egen måde, og derfor har jeg ofte stået i situationer hvor jeg har følt, at jeg har måtte forklare eller undskylde for hans opførsel, både over for venner, familie og bekendte. Selvom folk også sagde gode ting om ham, så fyldte det negative bare så meget.

---

[15] Beskrivelse fra min veninde, som har kendt Oliver siden 2010 (fra Oliver var 5 år)

"Mit syn på Oliver. Oliver er fantastisk at være sammen med, fordi at man kan være sammen uden at skulle tale. Han er stille, men utrolig reflekterende over hvordan han påvirker andre og hvad de tænker. Han er nysgerrig på nye ting, men skal lige have hjælp til at komme i gang. Jeg ved ikke altid om han gør ting for egen skyld, eller for ikke at skuffe andre. Tænker at hans MBTI[16] profil hedder INFJ – introvert, intuitiv, følende, og skal have struktur[17]".

Jeg har mange gange tænkt, hvorfor han ikke bare kunne være som alle andre børn. Nogle aftener inden Oliver skulle sove, blev han vred og sagde at han ikke ville i skole. Grunden forstod jeg ikke dengang, men det var bare svært for ham, fordi han brugte så meget energi på at passe ind, og prøve at honorere alle de krav der blev stillet ham. I slutningen af 5. klasse flyttede vi til en ny by, og Oliver startede på en ny skole i 6. klasse. Jeg ønskede virkelig, at Oliver kom i en klasse hvor han blev mødt for den han var. Førstehåndsindtrykket af hans nye klasselærer var godt, men desværre havde hun også svært ved at rumme Oliver med tiden. I starten virkede det som om at Oliver faldt godt til, han fik ret hurtigt en tæt ven i klassen, men også et par stykker af de andre snakkede han med. Der var en lejrskole som klassen skulle på meget kort tid efter at han var startet i klassen, og selvom det var svært for Oliver, så kom han afsted. Dagene var lidt svære, men der havde også været nogle gode stunder. Dagene, og månederne gik og efter noget tid begyndte jeg, at få beskeder fra lærerne, hvor der stod "Oliver mangler koncentration i timerne", "Oliver er svær at få i gang med opgaverne" og "Oliver svarer igen og

---

[16] Myers- Briggs Type Indicator. Et værktøj til at forstå dig selv og andre
[17] Udtalelse fra Olivers morbror

stiller provokerende spørgsmål"... Jeg tænkte "ikke igen". Nåh, men der var ikke andet at gøre end at forsøge med alt det jeg kunne, at få Oliver til at være mere med i skolen, være mere engageret og få husket ham på alle de lektier som de fik for. En dag kom der dog en besked som skilte sig ud. Beskeden var fra Olivers klasselærer. Hun skrev, at Oliver skulle have stor ros for den måde han havde taget imod en ny dreng på, som var startet i klassen. Denne ene besked betød utrolig meget, og følelsen af at min søn ikke var ond blev bekræftet.

"Oliver er intelligent, skarp, kreativ, tavs og videbegærlig. Når vi spiller er han meget udspekuleret og beregnende. Han er også min sjæleven. [Jeg] Ved at min kæreste synes han er lidt svær at tale med[18]".

Tiden gik, og Olivers irritation overfor lærerne, lektierne og skolen voksede og voksede, og beskederne med den velkendte ordlyd blev hyppigere og hyppigere. 6. klasse blev til 7. klasse, og her fik Oliver tilmed en kæreste. Det var i dette efterår, 2018, at Olivers humør for alvor begyndte at tage nogle voldsomme dyk. Det er svært at sætte ord på, men det var som om hele hans personlighed ændrede sig. Den dreng jeg kendte og havde opfostret var ved at forsvinde. I stedet havde jeg fået en dreng som lukkede sig inde i sig selv (mere end han plejede), var negativ, og som ikke rigtig smilte eller grinte mere.

"Olivers forhold til kammerater har ændret sig over det sidste stykke tid. Dette skyldes, at Oliver ændrede sig markant efter juleferien. Han

---

[18] Udtalelse fra Olivers moster

gik fra at være den glade og sjove dreng, som altid var med på sjov og
ballade, til at være mere dyster at se på. Han sidder gerne med hætte
på inde i klassen, og har det bedst ved at gemme sig lidt væk.
Ydermere har der været nogle episoder i klassen, som har skræmt
hans klassekammerater. Han har siddet og snakket om selvmord og
cutting...[19]".

Nu skal det lige siges, at Oliver aldrig har været en der udviste de
store følelser, men bestemte ting plejede da at kunne bringe et smil
frem, men ikke i denne periode, det var som om der var helt slukket.
Selv hans øjne virkede mere og mere tomme. Og det blev kun værre
og værre.

Kampen fortsatte

Jeg genoptog telefonopringningerne, og prøvede igen at finde nogen
som kunne hjælpe. En dag hvor han skulle til tandlægen, havde vi en
diskussion i bilen, hvilket resulterede i, at han gik fra bilen med det
samme vi parkerede dernede. Jeg måtte gå ind og lyve over for
tandlægen, sige han var blevet syg, og bede om en ny tid. Sekretæren
var meget forstående, og ønskede ham god bedring. Jeg stod og havde
det så dårligt over at have løjet for hende, og samtidig over ikke at
vide hvor Oliver var henne. Derefter satte jeg mig ud i bilen og så
græd jeg. Græd over at jeg ikke kunne hjælpe min søn. Græd over
hvor dårlig en mor jeg var. Græd over den magtesløshed jeg følte, og
græd over at jeg følte, at jeg havde mistet min søn. Jeg havde ingen
mulighed for at vide hvor han var gået hen, så jeg blev siddende og

---

[19] Udtalelse skrevet af Olivers klasselærer den 1/4-2019

håbede på, at han ville komme tilbage, imens jeg frygtede det værste. Jeg nåede at tænke hvor længe der skulle gå før jeg kunne ringe til politiet, men efter en halv time kom Oliver over til bilen igen. Hans øjne var fuldstændig røde. Vi kørte lidt og så sagde han de ord jeg aldrig glemmer: "Mor, jeg har brug for hjælp". Nu havde han to gange bedt om hjælp, og jeg var overbevist om, at jeg måtte handle nu. Hvorfor var der virkelig ingen hjælp at hente nogle steder? Jeg kiggede på min søn, som sad og stirrede ud af forruden, og så sagde jeg, at jeg ville gøre alt hvad jeg kunne for at skaffe ham noget hjælp. Så kørte jeg ind til siden og satte nødblinket på, og så ringede jeg til vores læge.

Vi havde fået ny læge, så jeg havde aldrig mødt ham. Jeg havde blot fået en besked om, at vores gamle læge var stoppet, og på sygesikringsbeviset stod der navnet på den nye læge vi havde fået tilegnet. Jeg var desperat og det var min livsline, følte jeg. Jeg sagde til sekretæren, at Oliver havde det meget dårligt, og jeg havde brug for hjælp til at hjælpe ham. Hun sagde, at lægen desværre ikke havde flere tider, men vi kunne komme dagen efter. Jeg sagde, det kan vi ikke, det skal være i dag. Hun sagde, at hun kunne presse os ind mellem to tider, men så var det ikke så lang tid vi fik. Jeg var ligeglad, jeg tog imod alt hvad jeg kunne få. Der gik nogle timer, og vi sad nu i venteværelset hos lægen. Jeg sad og ønskede, at lægen kunne hjælpe Oliver. Jeg bad så hårdt, som jeg aldrig har bedt om noget før. Jeg er ikke troende, men var der en mulighed for at nogen lyttede, så skulle den ikke gå til spilde. Jeg tænkte, at gik jeg ud derfra uden at Oliver havde fået hjælp, så ville jeg igen blive slået tilbage til nul. Jeg havde snart ikke flere kræfter, og så alligevel passede det jo ikke. En mor finder altid kræfter frem, selv når alt virker sort og håbløst, så finder man de kræfter frem, man slet ikke troede, at man havde. Heldigvis var dette halmstrå som jeg knugede mig fast i, ikke et der knækkede; tværtimod. Det blev vores redningsplanke og jeg vil for altid være vores læge taknemmelig.

Tilbage til venteværelse hos lægen. Så blev det Olivers tur, og vi kom ind, hvorefter lægen sagde: "Må jeg høre hvorfor I er her?". Jeg fortalte med tårerne trillede ned af kinderne, at vi var der fordi Oliver havde det meget dårligt psykisk og han havde brug for nogen at snakke med. Lægen spurgte Oliver om det var rigtigt, og hvad han tænkte. Han sagde stille "Ja". Lægen kiggede på Oliver, og så sagde han: "Du får en tid i morgen. Den sidste på dagen, og så tager vi alt den tid vi skal bruge". Jeg kunne have krammet ham, men det var måske ikke så passende. For første gang turde jeg tro på, at der endelig var en der kunne hjælpe mig med at hjælpe min søn. Cirka et døgn senere sad vi der igen. Lægen spurgte, om det var okay at han snakkede med Oliver alene. Hvis Oliver havde det fint med det, så var det helt i orden med mig, svarede jeg. Efter de havde snakket, kaldte lægen mig ind. Han sagde, at han ville skrive til børne- og ungepsykiatrien, men anbefalede at jeg også gjorde det, så vi spillede på alle de tangenter vi havde. Han gav mig vejledning i hvor jeg skulle søge.

Da vi forlod lægen igen, kørte de sætninger lægen lige havde sagt, stadig rundt i hovedet på mig: "Oliver har fortalt mig, at han har det rigtig svært, men at han ikke ved hvorfor". "Oliver siger han tit tænker på døden, og han har ofte overvejet at tage sit eget liv ved at hænge sig, og jeg er ikke i tvivl om, at han mener det. Det er reelt det her. Oliver har det meget svært, og vi skal finde noget hjælp til ham nu".

Da vi kom hjem fra lægen udfyldte jeg papirerne til kommunen. De blev afleveret i postkassen samme aften. Det var i marts 2019, og det skulle vise sig, at den vej min læge gik, åbenbart var noget hurtigere end den vej kommunen skulle gå.

Hjælpen var nær

Der gik to dage, så ringede min læge til mig med følgende besked: "Jeg ville bare fortælle dig det selv. Holbæk har taget det alvorligt, det jeg skrev, og vil kontakte jer". Jeg græd af glæde og af lettelse. Tænk vores læge havde ringet for at overbringe den gode nyhed selv, han ville ikke lade os vente. Han så hvor pressede vi var. Endelig kunne jeg begynde at ane lys. Samme dag lå der en indkaldelse til Oliver, om at han skulle komme til samtale i Holbæk den 4. juni kl 10. Min krop og mine tanker fyldtes med lettelse, og samtidig et kæmpe håb; nu var der nogle der kunne hjælpe Oliver til at få det bedre. Tvivlen var der også, men jeg blev nødt til at holde fast i håbet. Tre måneder var lang tid, men sat op imod uendeligheden som jeg følte var tidsperspektivet før, var tre måneder ingenting. Nu skulle det nok gå, hjælpen var nær, jeg skulle bare klare de næste par måneder for min søn, og for os.

Henvendelsen til kommunen

Det tog ca. fire måneder før jeg fik svar på min henvendelse. Fire måneder hvor de hverken gav lyd fra sig, eller noget. Jeg ved ikke, om det overhovedet har en betydning, eller måske blot er en ringe trøst, men kommunen tog min henvendelse alvorligt, ved at sende den videre til børn- og ungepsykiatrien, som gav Oliver en tid til en samtale. Da vi, fire måneder efter min henvendelse til kommunen, modtog et brev med en tid til en samtale, måtte jeg ringe og sige, at vi allerede var inde i systemet via min læges henvisning, og at Oliver allerede var i gang med et forløb.

Oliver 7.0

2018 blev til 2019 og Oliver fik det værre og værre. I januar var der dog et enkelt lyspunkt, hvor jeg så lidt af den Oliver jeg kendte. Vi fem herhjemme tog afsted på en skiferie, vi havde bestilt godt et halvt år før, sammen med noget familie. Jeg kunne godt fornemme, at Oliver kæmpede, og at hans overskud ikke var særlig højt, men samtidig så jeg også glimt af glæde i hans ansigt. Jeg samlede energi i hans glæde, og samlede på alt det jeg kunne få. Vi var væk fra hverdagen, væk fra skolen og væk fra de krav han ikke kunne honorere. Den korte lykke varede 7 dage, og da vi kom hjem til den tilbagevendende hverdag, var det som om jeg fik en kæmpe mavepuster, og vi blev slået tilbage til start. Alt Olivers energi og livsglæde forsvandt som dug fra solen, og han blev igen en tom skal.

Hver dag var en kamp. Det startede fra morgenstunden af, hvor jeg brugte så meget energi og så mange kræfter på at få ham op af sengen, og afsted i skole. Nogle gange lykkedes det, andre gange gjorde det ikke. Og stort set hver aften sluttede med, at han græd og sagde at han ikke vil i skole. Jeg var så træt, men kæmpede for at få dagene til at gå. Jeg begyndte at samle på gode oplevelser, bare for at fokusere på noget andet. Jeg forsøgte herved at fylde mine energi depoter op, fordi hver dag krævede umenneskelige kræfter. Det var småting, som et smil fra Oliver, Liah eller en tilfældig forbipasserende, at Oliver snakkede med ved spisebordet, eller blomsterne som begyndte at blomstre i min have. Hver dag der gik, var en dag mere hvor min søn var i live, og en dag tættere på hjælpen. På en eller anden måde gik dagene. 7. klasse var ved at nå sin ende og sommerferien nærmede sig. Og det blev den 4. juni 2019.

Holbæk

Jeg vidste ikke rigtig, hvad jeg skulle forvente hverken af stedet eller de ansatte, men allerede ved første møde virkede de imødekommende og kompetente. Vi skrev ret hurtig en kriseplan, fordi de kunne godt se at Olivers selvmordstanker var reelle. Denne kriseplan blev heldigvis aldrig taget i brug, men af en eller anden grund ligger den stadig i min skuffe, ligesom den tidligere omtalte seddel Oliver lagde i min taske. Jeg følte endelig, at vi var havnet det rette sted, og jeg kunne begynde at trække vejret igen. De næste par måneder havde Oliver løbende samtaler med en psykolog, en læge og en pædagog. I korte træk blev udfaldet af alle disse samtaler, et resultat der viste et stort mangel af D-vitamin, og nogle tegn på, at Olivers udfordringer også kunne stamme fra noget mere grundlæggende i ham. På baggrund af de udredende samtaler de havde med ham, og vores beskrivelse af Oliver, så de grund til at undersøge ham for gennemgribende udviklingsforstyrrelse.

"Der ses samlet vanskeligheder med hensyn til ansigtsudtryk, koordineret blikfang, fælles glæde i socialt samspil. Der ses nedsat empati og nedsat indsigt i sociale situationer. Kvaliteten af sociale

udspil er begrænset. Han fastholder ikke opmærksomhed eller udspil.
Reagerer med svar, men en smule begrænset[20]".

Der blev blandt andet lavet en ADOS test, og en IQ-test. Den
sidstnævnte vil jeg lige uddybe, da der jo allerede var lavet sådan en
test på ham i hans tidlige år i folkeskolen, hvor jeg dengang stillede
spørgsmålstegn ved resultatet, fordi jeg mente, at det ikke gav det
reelle billede. Denne gang var det også en psykolog der udførte testen,
og hun forklarede mig inden, at den test virkede på den måde, at hver
gang man svarede rigtigt, skulle man gå videre, og svarede man
forkert stoppede man testen der. Da testen var overstået kom jeg ind
for at høre resultatet: "Ja jeg kan ligeså godt sige det som det er, jeg
har aldrig kørt testen så langt før. Og jeg er sikker på, at han godt
kunne have klaret flere opgaver, men vi stoppede fordi Oliver sagde at
han var træt og ikke kunne mere nu" sagde Psykologen. "Olivers IQ
ligger på 125, det vil sige, at han har en IQ der ligger over middel".
Jeg blev lettet, eller det er måske ikke det rigtige ord at bruge, men jeg
havde kæmpet imod folk som jeg følte indirekte sagde han var dum,
og her var beviset på det modsatte. De forskellige resultater blev
sammenholdt, og konklusionen blev fastlagt. Den 2. oktober 2019
kom svaret, som kunne forklare en stor del af alle de udfordringer som
Oliver have haft igennem hele sin skoletid; Oliver havde en
udviklingsforstyrrelse.

---

[20] Behandlingsplan fra Holbæk

Oliver 8.0

4. juni 2019 gik vi ind af døren på børne- og ungepsykiatrisk klinik i Holbæk. Jeg var meget spændt på hvad der skulle ske, og om det blev endnu en af de snesevis af afvisninger jeg følte vi var blevet mødt med i Olivers svære tid. Jeg husker ikke engang hvem vi kom til samtale med første dag, hvilket er lidt sjovt, når så mange andre detaljer står lysende klart for mig. Følelsen i mig, af både håb og skepsis, kan jeg stadig mærke. Knuden i maven som stille og roligt forsvandt jo flere gange vi besøgte klinikken. Der var nu et forløb i gang, og det gav noget at holde fast i. Samtidig kunne jeg se på min søn, at han fik noget mere farve i kinderne, og han var også begyndt at tage på. At sommerferien var lige om hjørnet hjalp også rigtig meget på det pres han følte.

Oktober 2019, Oliver

I sommerferien skete der det uheldige, at Oliver brækkede foden. Denne gang gik han kun med bruddet i tre dage før vi tog på skadestuen, jævnfør de fire dage han gik med en brækket hånd. Foden var brækket tre steder og krævede indlæggelse og en operation. Da

Oliver er mindreårige skulle jeg være indlagt sammen med ham, og selvom det måske lyder mærkeligt, så gjorde de to døgn alverden til forskel. Det var kun ham, jeg, fire hvide vægge og en masse hospitalsudstyr. Selvfølgelig kom der også en sygeplejerske ind i ny og næ for at se til Oliver, men ellers var det bare ham og jeg. Han åbnede sig op, vi snakkede, vi så film, og jeg hørte min søn grine igen. Båndet imellem os blev stærkere, og der vidste jeg, at det hele nok skulle gå. Jeg vidste, at min søn var på vej tilbage.

2. oktober 2019, del 2

"Der er ingen tvivl", ordrene gav genlyd i mit hoved. Da jeg kom hjem, læste jeg papirerne igennem igen:

"Score 4 alvorlig nedsat social funktionsevne. – GAPD er en standardiseret skala som har til formål at klassificere det psykosociale funktionsniveau. Skalaen går fra 0 hvilket svarer til højt funktionsniveau, til 8 hvilket svarer til lavt funktionsniveau som har betydning for flere aspekter af patientens liv. Instrumentet har til hensigt at give mulighed for kvantificering af tilstandens sværhedsgrad, samt at give mulighed for at følge udviklingen af funktionsniveau gennem tid[21]".

Diagnosen er en del af vores familie nu

Nu er der igen kommet ro i vores familie, hverdagen kører som den nu skal og glæden har igen fået en plads hos os. Oliver, og os rundt omkring ham, har accepteret den nye virkelig. Oliver laver tit sjov

---

[21] Behandlingsplan fra Holbæk

med det, og det er så rart, fordi det er med til at gøre diagnosen til en naturlig del af vores familie og vores liv. Humor gør bare tingene meget nemmere, og selvom det for andre kan virke lidt hårdt, er det bare så befriende for vores familie herhjemme.

Han er blevet rigtig god til at sætte ord på når noget er svært, men ligesom alle andre teenagere prøver han også nogle gange at hoppe over hvor gærdet er lavest. Nogle gange bruger han sin diagnose til at slippe for ting, og da jeg spurgte hvor længe han ville bruge diagnosen som undskyldning, svarede han "ligeså længe jeg kan", så grinede vi begge, fordi Oliver ved godt at den vist ikke går, bare fordi han ikke gider tømme opvaskemaskinen. Nogle gange er Olivers overskud og hans energi ikke særlig stort, men han er blevet god til at mærke efter, og nogle gange er det små justeringer eller aftaler der gør, at han kan overskue tingene. Sammenkomster vil nok aldrig blive hans favorit, men det hjælper, at jeg fortæller hvem der skal med, at det tøj han har på er noget han føler sig godt tilpas i, og at jeg giver ham en tidsramme så godt det nu lader sig gøre. Endvidere hjælper det ham også at få delt et arrangement op, eller at vide, at han har en bagdør. Lektier og huslige pligter er heller ikke på hans top 10, men hvor mange teenagere synes det er sjovt? Vi har i den forbindelse haft en samtale om, at der er forskel på ikke at gide og ikke at kunne, og selvom han stadig prøver så har han også måtte acceptere at alle ting ikke er lige sjove, og at livet består både af *kan* og *skal* opgaver. Oliver er jo som sagt ret dygtig når det kommer til skolearbejde, og en dag da jeg opdagede, at han kørte en film han skulle se og analyse, på dobbelt hastighed, vidste jeg ikke rigtig om jeg skulle grine eller græde. Han kunne gengive hele filmen, både med indhold og med korrekte tal om de omhandlende befolkningsgrupper, så opgaven havde han jo klaret, bare på den halve tid. Han gør det også med bøger han har for; skruer helt op for hastigheden, tiden som skal bruges på lektier bliver forkortet og den overskydende tid, kan bruges på noget mere interessant.

Jeg vil ikke lyve, det er stadig svært til tider, men samtidig er det også blevet nemmere på mange områder. Psykiatrien i Holbæk har hjulpet os utrolig meget, og jeg har også haft ringet til psykologen et par gange for at få et godt råd. Jeg kan stadig tvivle på mig selv, på om det jeg gør er godt nok, især hvis overskuddet er nede. Jeg kan også stadig diskutere med Oliver, og blive møgfrustreret og få tanken "hvor ville det bare være nemmere, hvis han passede ind". Men det gør Oliver ikke, og jeg elsker ham præcis for den uperfekte dreng han er, fordi det er netop det der gør ham perfekt. I det store hele ved jeg, at jeg er en god mor, og jeg ved nu bedre end nogensinde før, hvad der er det rigtige for min søn, og ingen skal nogensinde få min søn eller mig til at tvivle på os selv igen.

I foråret 2020 da skolerne var lukket ned på grund af Corona, skulle Oliver lave en podcast om hvordan Corona havde påvirket ham. Han havde allerede sagt, at det var rart for ham at være hjemme, og i podcasten fik han sat ord på nogle af hans tanker:

"Noget interessant jeg har lagt mærke til er, hvordan rollerne i samfundet er blevet byttet om. Fra, at det var de ekstroverte som var toppen af samfundet, er det nu i stedet de introverte. De introverte er dem der er vant til at leve på den her måde, hvor man meget af tiden holder sig for sig selv, og hvor det giver energi at være alene. Derfor

er det også de introverte, som lige nu er dem som har det bedst. Det er
samtidig komisk hvordan alle ekstroverte klager over, at de ikke kan
være udenfor med deres venner, fordi hele vores samfund er opstillet
sådan, at introverte skal tvinges ud i situationer med mange
mennesker såsom skole, store sammenkomster og så videre, men nu er
rollerne skiftet om, så det er de ekstroverte der tvinges ind i introverte
situationer, hvor de skal være hjemme og alene hele dagen. Så en ting
jeg håber samfundet kan lære fra dette her er, at de ekstroverte
kommer til at kunne se tingene fra de andres perspektiv så de ikke
bare tvinger introverte ud i situationer der dræner dem for energi. Og
hvor der bliver taget højde for både de introverte og de ekstroverte[22]*".*

Til trods for Olivers diagnose, har han tillært sig en masse sociale
spilleregler, som i en vis grad kompenserer for de kompetencer som
Oliver ikke har, eller som ikke falder ham naturligt. Han ved godt,
hvad der kræves af ham i forskellige sammenhæng og sociale
kontekster, og er med tiden blevet god til at sætte ord på det han
tænker i de forskellige situationer. "Når jeg kigger på folk, så kigger
jeg bare på punktet lige imellem deres øjne, så tror folk jeg kigger
dem i øjnene, og det vil de gerne have, men jeg synes det er vildt
ubehageligt[23]". Nogle måneder inden Oliver "modtog" diagnosen
havde han i en eller anden forbindelse stiftet bekendtskab med
begreberne introvert og ekstrovert. Jeg var af en eller anden grund lige
gået ind på hans værelse, og da jeg er på vej ud igen, spørger Oliver:
"Mor, ved du godt jeg er introvert?" Jeg smiler, vender mig om og
kigger på ham. Hans ansigt er vendt imod skærmen, så jeg kan ikke se

---

[22] Olivers noter til skolen
[23] Oliver 14 år

hans ansigt. Jeg træder et skridt tilbage, kører hånden igennem hans hår, og siger "Ja, det ved jeg godt skat". Han svarer "Nåh okay" og spiller videre, så kysser jeg ham på hovedet, og går ud af hans værelse med et smil på læben.

Ting som jeg tog for givet, har vist sig ikke at være som jeg troede. I takt med at han er blevet ældre, er han også blevet mere bevidst om hvor meget de forskellige ting kræver af ham, og han siger mere og mere fra. Dette faktum har både sine positive og negative sider, dels kan hans opførsel godt virke som stædighed og dovenskab, men vender man det om, kan det også være et tegn på, at han er blevet rigtig god til at rumme sine egne følelser, og at han ubevidst tager sig selv mere alvorligt, noget mange af os kunne lære noget af.

"Noget af det jeg hader mest, mor, er når vi er sammen med nogle hvor der er jævnaldrene børn, fordi så forventer du, at jeg snakker med dem, og jeg er ikke så god til smalltalk[24]".

Han bliver aldrig en dreng, som kommer til at nyde at være sammen med for mange mennesker på en gang, bordkort vil han for evigt hade og smalltalk er nok ikke der man skal regne med at Oliver byder ind, men så kan han så mange andre ting. Lige nu er hans store drøm at sejle jorden rundt sammen med to af sine bedste venner, og jeg tror på at den drøm kan gå i opfyldelse, hvis man bare vil det nok. Udover det, ved Oliver stadig ikke helt hvad han vil uddanne sig til, han snakker om EUX, fordi han gider ikke en uddannelse som kun er boglig, siger han. Jeg er helt sikker på, at han nok skal finde ud af

---

[24] Olivers egne ord

hvad han vil, når han kan så mange ting, har så mange gode kompetencer, godt sprogøre, er klog og så videre. Oliver siger tit, at jeg tror, at han kan meget mere end han kan, og nogle gange har han nok ret, men andre gange er det mig der har ret; Oliver kan virkelig mange ting. Jeg ved og tror på, at min søn vil få et godt liv, og en ting er sikkert: Jeg elsker ham, netop fordi han er lige præcis den han er.

Oliver og jeg

At forstå alt det man ikke forstår

Jeg sad og var i gang med at hjælpe min søn med lektier, og vi havde lige læst to artikler om angst. Den ene var en informationsartikel og indeholdte alle fakta omkring angst, tal, symptomer og hvad man gjorde for at forbygge og behandle. Den anden var en opinionsartikel og beskrev angst ud fra en personlig beretning. Det var en kvinde, som fortalte hvordan det havde påvirket hele hendes liv, og den lettelse hun følte, da hun fik sat ord på det hun fejlede. Lektien var at sammenligne de to artikler, og svare på hvilken der personligt gjorde det største indtryk og hvorfor. Jeg sad helt berørt af kvindens personlige beretning, og var ikke i tvivl om hvilken der gjorde det største indtryk på mig. Jeg spurgte Oliver om hans mening, hvortil han sagde "det gjorde den første da (informationsartiklen)". Svaret undrede mig, og jeg spurgte om hans begrundelse. "I artikel nummer 2, er det jo bare en person vi hører om. Et menneskes fortælling, ud af alle de mennesker der er. Hvorimod i den anden fortælling, så handler den jo om mange mennesker". Jeg sad tilbage med følelsen af at have fået et lille indblik i hvordan min søns hjerne fungerede. Og følelsen der ramte mig er svær at beskrive, men den der nok kommer nærmest er lykke. Jeg var endnu engang blevet beriget med et indblik ind i hvordan tingene ser ud fra min søns øjne af, og derved fik jeg udvidet min forståelse for min søn, og af verdenen omkring os.

En dag kom der et program i fjernsynet, hvor der blandt andet var en ung fyr med autisme, som satte ord på hvordan det var at leve med det. Det her var kun en måned efter vi havde fået Olivers diagnose, så jeg slugte alt hvad jeg kunne komme i nærheden af, af bøger, artikler og dokumentarer. Jeg spurgte Oliver om han ville se det med mig.

"Mor, jeg lever med det, og oplever det hver dag indefra" og han havde jo ret, hvis nogen var ekspert på hans liv, måtte det jo være ham selv.

En anden episode, som ligger klart i min hukommelse, er en begravelse hvor Oliver var 13 år. Det var hans farfar vi skulle sige farvel til, og med til fortællingen hører sig, at farfaren ikke havde spillet en særlig stor rolle i Olivers liv. Dagen før begravelsen sagde Oliver til mig, "Mor, jeg synes det er så svært til begravelser. Folk kigger på mig og de forventer jeg græder, men det kan jeg ikke".

Efterord

Det er over et år siden nu, at Oliver fik stillet diagnosen. Meget er sket på det år: bøger er blevet læst, jeg har deltaget i et forældrekursus, Oliver har deltaget i forskningsprojektet *"Neurokognitive Markører ved Autisme"* og så har hverdagen fundet tilbage i sit leje igen. Der er bestemt stadig dårlige dage, ligesom der er i andre familier. Dage hvor jeg bare har lyst til at grave mig ned i et stort hul, sove i 100 år eller bare sige op som mor. Men der er langt flere af de gode dage.

Kigger jeg tilbage på den svære periode, forstår jeg stadig ikke hvordan jeg kom igennem den. Jeg priser mig lykkelig for de mennesker som trofast var ved min side. I sådan en krisesituation som vores familie var i, var der ikke så meget andre kunne gøre, desværre. Men bare det at vide, at der var nogen når det hele blev for meget, nogle jeg kunne læsse af hos, når det hele var svært og jeg havde mest lyst til at give op. Selvfølgelig var sidstnævnte ikke en mulighed, men følelsen af magtesløshed var/er bare til tider så stor og altopslugende.

Når jeg efterrationaliserer, er der mange ting jeg ville have gjort anderledes, men det er altid nemmere at være bagklog. Der har været nogle bump på vejen, men vi er kommet igennem dem, stærkere og klogere. Hvis Oliver nu havde fået diagnosen tidligere, ville det så have gjort tingene nemmere? Både ja og nej. Han ville helt klart være blevet mødt med en anden forståelse, men samtidig er der blevet stillet nogle krav til ham, som var han "bare" en almindelig dreng, og det har også været med til at forme ham til den han er i dag. Om han ville være nået helt derud hvor han var selvmordstruet, hvis han var blevet mødt anderledes, er svært at svare på. Og hvis den første skole havde haft en mere anerkendende tilgang til min søn, og derved også mig som mor, havde jeg nok også lyttet til det de havde at sige med en anden åbenhed. Et er sikkert: i det professionelle møde mellem fagfolk og forældre, ligger der et stort ansvar på de professionelles skuldre. Det er deres opgave at være deres rolle bevidst, at være professionel og skabe afsæt for en respektfuld dialog. "Skyder" man på et barn, tror jeg mange ville reagere, som jeg gjorde, ved at gå i forsvar. Og når jeg samtidig ikke følte, at de hørte hvad jeg sagde, men i stedet kom med undskyldninger, så ryger samarbejdet og man stopper med at høre efter.

Oliver og jeg har altid haft et tæt bånd, men jeg føler at vi er kommet tættere på hinanden nu. Jeg har haft mange samtaler med Oliver, især når vi kører bil ham og jeg, er han er blevet god til at sætte ord på hvordan han har det. Jeg er så stolt af ham hver evig eneste dag.

Vi bruger som tidligere nævnt humor meget, og det er vigtigt for både Oliver og jeg. Livet skal ikke være så tungt og der er ikke noget man ikke må snakke om eller spørge om. En dag vi var i et storcenter spurgte Oliver om han skulle trykke på handicapknappen i en rulledør, fordi nu var han jo handicappet. Jeg svarede, at hans handicap ikke havde indflydelse på hans ben. Humor gør bare mange ting nemmere.

Jeg prøver også at få Oliver til at sætte ord på de ting han tænker og føler overfor hans søster, så hun har en mulighed for at forstå sin storebror bedre. F.eks. var vi på en restaurant, Oliver, Liah og jeg, og de ville begge sidde i sofaen. Jeg sagde til Oliver, at han måtte forklare Liah hvorfor det var vigtigt for ham at sidde i sofaen, så hun kunne få en forståelse af hvorfor. Han sagde til hende, at han ikke kunne lide at sidde med ryggen til folk, og at det også var derfor han altid satte sig på en hjørneplads når der var mulighed for det, fordi han blev så fyldt op af alle de lyde og stemmer som han skulle forholde sig til, uden at kunne se dem.

Oliver ser mange ting anderledes, og handler på måder, som ikke umiddelbart giver mening for andre end ham selv, men når han sætter ord på hans tanker, og giver forklaringer på hans handlinger, så bliver der skabt et andet perspektiv og en anden forståelse. Dette gælder jo også den anden vej rundt. Mange af de ting som jeg gør, eller som mennesker gør generelt, er ikke så meningsgivende set med Olivers øjne. Her forsøger jeg at give ham en forståelse af ting og oplevelser, set ud fra mit perspektiv, så vi begge kan lære af hinanden. Vi lever i et samfund, som han på den ene eller anden måde er en del af, og derfor er det vigtigt for mig at få rustet ham så godt det er muligt.

Samtidig, som jeg nævnte i indledningen, så er det ikke alle jeg har fortalt om Olivers diagnose, tværtimod er det kun et fåtal der ved det. Hvorfor, ved jeg egentlig ikke. En stemme i mig siger, at folk ikke vil tro på det, fordi udadtil virker han jo så normal. Og en anden stemme siger, at de ikke vil forstå det, men jeg lader dem jo ikke engang prøve. Jeg må også huske på hvor svært det var for mig selv at forstå det og der er stadig ting jeg ikke forstår. Jeg er nok bare bange for, at Oliver endnu engang bliver dømt og misforstået. Jeg håber, at jeg med vores historie kan være med til at give et mere nuanceret billedet på det at skille sig ud og være anderledes. Jeg står ved hans side, nu stærkere end nogensinde før. Jeg har lært så meget af mine børn og jeg er lykkelig for, at de valgte mig som deres mor.

Et taknemmeligt morhjerte

Tak til Oliver og Liah for alt det jeg har lært af jer og for at være præcis dem I er. Jeg elsker jer af hele mit hjerte.

Tak til de mennesker som formår at se alt det gode i min søn, det har betydet så meget.

Tak til de mennesker som var der for mig i den svære tid, så jeg kunne være der for min søn – I ved selv hvem I er, TAK.

Tak til vores læge, som lyttede, gav os håb og som hjalp min søn og mig videre.

Tak til Holbæk (børn og unge) - for at tage så godt hånd om os i hele processen – det har været kompetente mennesker som vi har været mødt af hele vejen igennem.

Tak til jer som har taget jer tid til at give jeres besyv med, i forhold til at skabe et så bredt og nuanceret billede af Oliver.

Tak til jer som har brugt jeres tid på at læse en lille del af vores historie.